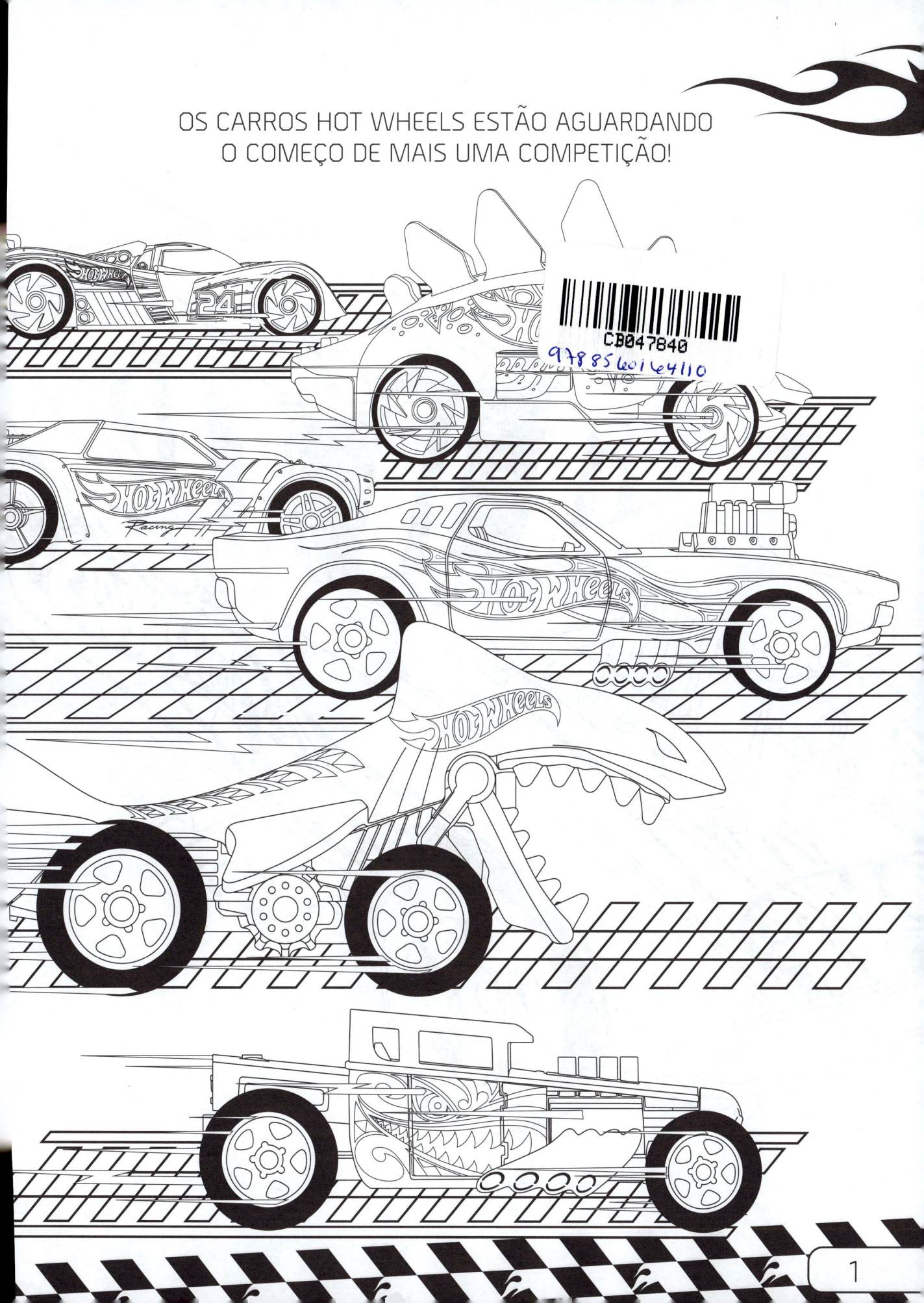

OS CARROS HOT WHEELS ESTÃO AGUARDANDO
O COMEÇO DE MAIS UMA COMPETIÇÃO!

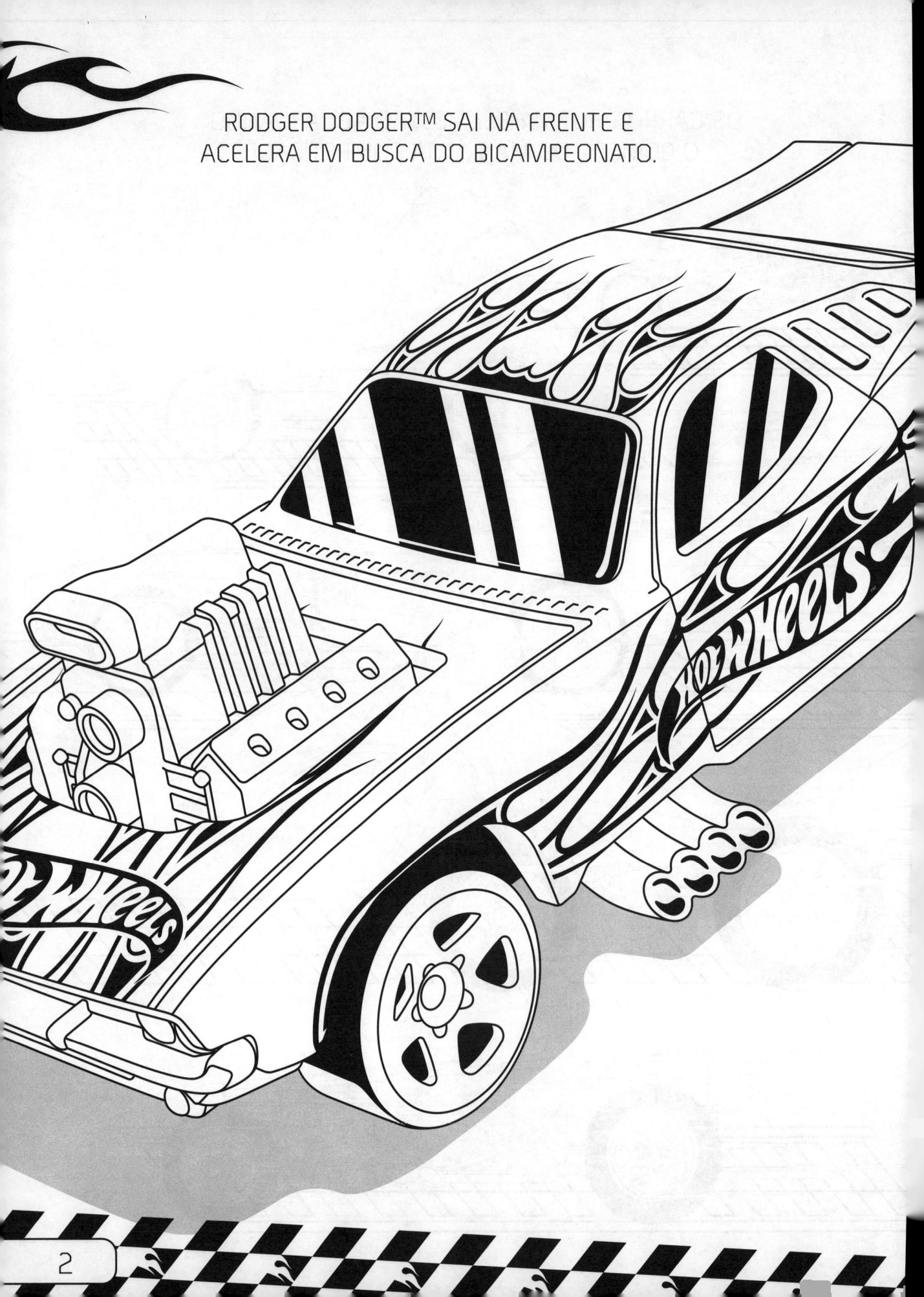

RODGER DODGER™ SAI NA FRENTE E ACELERA EM BUSCA DO BICAMPEONATO.

MAS O NIGHT SHIFTER™ VEIO COM SEDE DE VITÓRIA E PROMETEU ENTRAR DE VEZ NA BRIGA PELO TÍTULO.

A DISPUTA ESTÁ MUITO ACIRRADA!

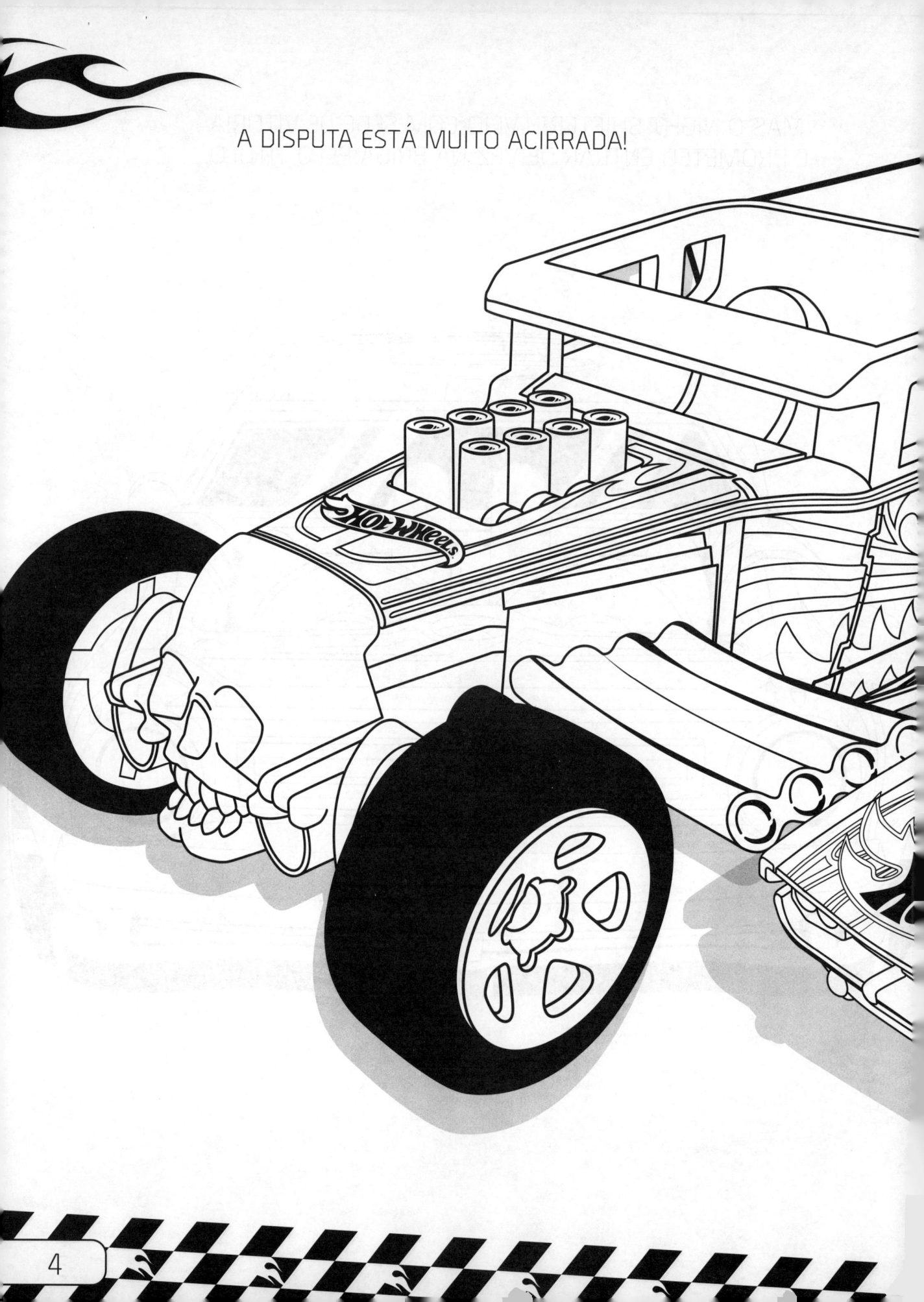

COM CERTEZA, ESSA CORRIDA SERÁ DECIDIDA NOS MINUTOS FINAIS.

VENCER A CORRIDA HOT WHEELS
É UMA VERDADEIRA EMOÇÃO...

... E O BONE SHAKER™ JÁ CONSEGUE VER A BANDEIRA QUADRICULADA DA VITÓRIA!

OS CARROS HOT WHEELS SÃO MUITO VELOZES E GARANTEM MUITO EMOÇÃO A CADA DISPUTA!